सितम्बर

तुर्किया

ISBN 979-888546982-1

क्रम-सूची

क्रम-सूची

कुछ ग़ज़ल

क्रम-सूची

क्रम-सूची

लेखक परिचय

तुर्किया

अपने बारे में लिखना बहुत ही अजीब लगता है मुझे, समझ ही नहीं आता कि क्या लिखूँ, सोचने पर सारी जानकारियाँ छोटे-छोटे टुकड़ो में सामने आती है। जैसे लगभग-लगभग 4 साल पत्रकारिता की, कुछ short films के लिए कहानियाँ लिखी, कुछ short films के लिए कैमरा किया, इससे पहले एक और किताब लिख चुका हूँ जिसका नाम है"अलविदा", एक नाटक लिखा और भी कुछ-कुछ बहुत कुछ किया हैं लेकिन जाने दीजिए।

“और क्या-क्या बता सकते है हम ख़ुद के बारे में, अभी तो हमने ख़ुद से बात तक शुरू नहीं की,”

1. आराम कुर्सी

तुम्हें पता है, जो आराम कुर्सी लेना मेरा शोक था.
वो अब मेरी ज़रूरत बन गई है.
क्योंकि अब बिना तुम्हारे.
वो चादर की सिल्वटें मेरी कमर पर चुभती हैं.
घाओ देती हैं. मुझे अपनाती नही हैं.
कल मैंने देखा कि जिस-जिस जगह.
तुमने मुझे चूमा था.
वहाँ-वहाँ नील पड़ गई है.
जैसे पहले पड़ी थी.
जब तुम कहीं छुट्टियों के लिए गई थीं.
कुछ दिनों के लिए फिर से आ सकती हो क्या ?
इस बार पक्का वादा करता हूँ.
तंख्वा आते ही सबसे पहले.
एक आराम कुर्सी खरीदूँगा।

2. ठीक तुम्हारे जाने के बाद

ठीक तुम्हारे जाने के बाद
मैं चादर पर पड़ी सिलवटों को घूरता रहा
देर तक,
जैसे उन सिलवटों में किसी को तलाश रहा था
फिर अचानक एक अधूरे ख्वाब का टुकड़ा मिला मुझे,
दो सिलवटों के बीच छिप रहा था,
जैसे सवेरे में छिप जाते है, रात के देखे सपने,
जैसे कुछ पुरानी यादें, जो याद नहीं अभी लेकिन याद
होनी चाहिये थी,
जैसे छिप जाते है, हम दोनों इक दूजे,
कुछ बात शुरू होती कि,
डोर-बैल बज गई,
उफ्फ , तुम आज भी लन्च बॉक्स ले जाना भूल गए।

3. शायद

तुम्हें मालूम है,
मैं कई रातों से सोया नहीं हूँ,
दिल में इक बेचैनी,
इक टीस है,
जो मुझे सोने नहीं देती,
मैं कई रातों से एक कविता में फ़सा हुआ हूँ,
इस कविता में, मैं ख़ुद को बेहद खूबसूरत और अच्छा
शख़्स बताना चाहता था,
और तुम्हें इस जहाँ का सबसे बुरा इन्सां,
जो ख़ुद के लिए ही सोचता है,
बस...
मैंनें तुम्हे कोसने की बेहद कोशिशें कीं,
पता नहीं क्या-क्या लिखने लगा था,
लिखता था फिर काट देता,
और फिर लिखता,
और फिर काटता,
शायद
मैं आज भी झूठ नहीं लिख पाता हूँ।

4. कोहरा

वो कोहरे की चादर थी या फिर प्रदूषण
वो जो भी था,
उसको अभी ही क्यूँ आना था।
हम चाय पीकर चले थे,
अपने-अपने घर के लिए।
वो बाएँ हाथ की गली में चली गई,
और मैं दाएं हाथ की गली में ठहर गया,
तुम गली में आगे बढ़ती रहीं और कोहरे की चादर ओढ़ती
गई,
फिर आखिर मे कोहरे में गुम हो गई।
शायद ये भी एक वजह है,
सर्दियों को ना-पसंद करने की मेरी।

5. सर्दियों की रातों

सर्दियों की रात में बहुत दूर की आवाज़े सुनाई देती हैं।
जैसे पानी की मोटर की आवाज़।
लोगों की कदमों की आवाज़।
जैसे हमारे खामोश हो जाने के बाद,
हमारी साँसो की आवाज़।
हाँ, सच में,
सर्दियों की रात में बहुत दूर-दूर की भी,
आवाज़ें सुनाई देती हैं।

6. भविष्य की थाली

तुम्हारे साथ भविष्य की थाली सजाना कितना अच्छा
लगता था, मुझे।
अपने-अपने घर जाते वक्त मैं,
बच्चों की तरह अपनी थाली को हर चीज़ से,
भर लेता था।
और तुम,
हर बात पर, हर चीज़ पर, सिर्फ़ एक,
संतुष्टी भरी मुस्कान दे देती।
अब धीरे-धीरे भविष्य की थाली वर्तमान की बनती जा रही
है।
मगर अब भूख नहीं है।
शायद वो संतुष्टी भरी मुस्कान नहीं है।
मेरे पासं।
क्या एक बार फिर से मिलें हम,
उस ही सड़क पर जो आखिर में,
दो मुँह की हो जाती हैं,
एक नई थाली सजाने के लिए।

7. सिलवटें

तुम्हें पता हैं,
जब तुम गुस्सा नहीं करती,
पर बहुत देर तक सिर्फ़ बड़-बड़ाती रहती हो,
तो तुम्हारे होठों पर अल्फाज़ों की सिलवटें पड़ जाती हैं।
जोकि तुम्हारें गुलाबी होठों पर एक काली पटी की तरह आ
जाते हैं।

और तुम्हें चुमने के बाद ये मेरे होठों पर पड़ जाती हैं,
आज-कल लोग शक करने लगे हैं कि मैं सिगरेट पीने लगा
हूँ,
मगर, इन्हें कौन बताए ये तो तुम्हारी होठों की सिलवटें हैं।
मैंने तो सिर्फ तुम्हें चुमा था।

8. टीस

टीस का कोई अपना शब्द नहीं होता हैं.
वो हमेशा "काश" से संवाद स्थापित करती हैं,
धीरे-धीरे सभी शब्द अपनी-अपनी टीस लेकर,
एक वाक्य बना देते हैं,
समय के साथ-साथ वो वाक्य किस्सों मे बदल जाता हैं,
फिर किस्से कहानियाँ मे,
कहानी बनते ही सब कुछ सामान्य-सा हो जाता हैं,
वैसे-ही-जैसे किसी चोट पर एक सूखी पर्त चढ़ जाए,
पर चोट नीचे से हमेशा ताज़ा रहती हैं।
पर त्रासदी ये हैं कि टीस की चोट का ज़ख्म कभी भरता
ही नहीं,
हर बार उस पर सिर्फ़ सूखी पर्त चढ़ जाती हैं।

9. चेहरा

कैसा होगा गर,
कठिन आसान का चेहरा लेले,
और आसान कठिन का।
मगर लोग फिर भी आसान के,
पीछे ही भागे गए,
लेकिन हक़ीक़त मे वो कठिन हैं।

10. मौन

तुम्हारे जाने के बाद,

मैं बहुत देर तक कोशिश करता रहा,

कि तुम्हारे विरह मे, मैं कुछ देर रो सकूं,

कोशिशों में मैंने तुम्हें हज़ारों बार,

अपने करीब लाकर ख़ुद से दूर किया,

मगर मेरी सारी कोशिशें विफल रही,

पर हर बार मेरे अन्दर एक मौन बढ़ता गया,

वही मौन जो किसी अमूल्य सपने के टूट जाने के बाद

पैदा होता हैं,

अब वो मुझ मे हज़ार गुना बढ़ गया हैं।

11. वहाँ

मैं हमेशा से एक खेल खेलना चाहता था,
वही खेल जिसमें एक शख़्स छिप जाता है,
और दूसरा श़ख़्स उसे हर जगह ढूँड़ता फिरता है,
ये खेल मैं तुम्हारे साथ खेलना चाहता हूँ,
वैसे ही जैसे किसी हार के बाद एक घायल राजा जंगल की किसी,
काली गहरी गुफ़ा मे छिप जाए,
या फिर,
मैं बचपन की किसी चीज़ की तहरा,
अचानक याद से गायब हो जाऊं,
और फिर एक दिन दिखूं,
तुम देर-तक मुझे देखकर सारी बातें याद करना,
या फिर,
मैं किसी अग्यातवास पर चला जाऊं,
जहाँ से मैं एक नया रूप लेकर वापस आऊं,
या फिर कुछ और,
ठीक हैं अब तुम दस तक उल्टी गिनती गाओ,
अब मैं छिप रहा हूँ।
वहाँ।

12. प्ले

लगभग पूरा प्ले खत्म होने वाला था,
शायद आखरी के एक या दो, Scene बचे होंगे,
नायिका नायक को शहर मे ढूढ रही था,
नायक जिसका नाम "मैं" था,
"मैं" किसी Company में काम करता है,
अचानक राइटर ने नायक का नाम
"मैं" से बादल कर "वो" कर दिया,
पर इसकी खब़र नायिका को नहीं दी,
नायिका पूरे शहर मे "मैं" को तलाश रही थी,
मगर "मैं" तो "वो" हो गया था,
धीरे-धीरे नायिका ने "मैं" से मिलने की उम्मीद छोड़ दी,
एक दिन अचानक नायिका को "मैं" दिखा गाड़ी में,
नायिका गाड़ी के "मैं मैं मैं" चिलाती रही, भागते-भागते
गिर गई,
"वो" ने पीछे मुड़कर देखा और खुशी से उसके पास भाग
कर पहुँच,
नायिका "मैं" को देर तक सिर्फ देखती रही
और फिर बहुत देर बाद नायिका बोली,
तुम ने "मैं" पर पीछे पल्टे क्यूँ नहीं देखा ? तुम तो "मैं"
हो ना ?
"वो" ने कहा "नहीं मेरा नाम तो तुम्हारा वो"
फिर नायिका ने अपनी सारी शक्ति एक साथ जूताई,
और चल दी फिर से,

अपने "मैं" को ढ़ढ़ने ।

13. चाँद-तारे

आज चाँद और तारे के बीच मे,
एक अजीब सा अंधेरा था,
सूर्ख काला अधेरा, इतना की,
दोनों की सफ़ेद रौशनी की बातें भी,
एक दूसरे तक पँहुची भी नहीं,
Space भी कितना अजीब हैं ना,
इसमें अंतहीन गीत हैं
कोई किसी को नही रोकता हैं,
और ना ही रोक सकता हैं,
शायद इसी लिए Space में बात नहीं होती,
क्योंकि बात करने से लोग रूक जाते हैं,
क्या इस ज़मीन पर हम दोनों,
चाँद और तारे तो नहीं बन गए हैं।

14. प्रेम वृक्ष

वो य़कीनन जंगली बीज ही रहा होगा,
क्योंकि बिना प्रेम के पानी और हवा के,
कैसे पन्प सकता था वो,
तो एक दिन तुमने और मैंने मिलकर,
उसे जल्दी से उखाड़ दिया,
और उस कमरे को बन्द करके,
वहाँ से भाग गए,
कुछ दिनों पहले मुझे याद आया कि,
उस कमरे में मेरी कुछ याद पड़ी है,
मगर जब मैंने कमरा खोला,
तो देखा की सारी यादे,
एक बड़े वृक्ष की जड़ो के नीचे दब गई है,
अब उस कमरे की सारी चीज़ो पर,
उसका ही अधीपत्य है,
वो प्रेम का वृक्ष था,
जिसे मैं कभी भी सम्पूर्ण रूप से,
नष्ट नहीं कर पाया।

15. प्रेम अन्त

मैं हमेशा से ही,
ये प्रेम सम्बन्ध के
अन्तिम वाक्यों को जीना चाहता था,
और ये देखना चाहता था कि,
कहानियों और कविताओं मे,
जो वाक्या प्रयोग होते हैं,
क्या उन्हीं वाक्यों का चयन,तुम भी करोगी।
एक दिन,
हमारा ये हमारा सम्बन्ध मर गया,
जोकि स्वाभाविक भी था क्योंकि,
एक सम्बन्ध हमेशा ज़िन्दा नहीं रह सकता,
मगर इसकी मौत एक तारे की तहरा हुई,
ये मरने से पहले बहुत प्रकाशित हुआ,
और फिर आचनक मर गया,
मरने के बाद सम्बन्ध ने सम्बन्ध को खाना शुरू कर
दिया,
और अन्त मे जो बचा वो एक वाक्य था,
जो सिर्फ़ अन्त मे बोला जाता था,
जिससे विश्वास हो जाएँ कि,
ये समपूर्ण अन्त है,
और यहीं तो मैं जीना भी चहाता था,
मगर ऐसा कुछ भी नहीं हुआ,
तुम और आमने-सामने चुप बैठे रहे,

और मैं इन्तज़ार कर रहा था कि,
तुम अब वो अन्तिम वाक्य बोलोगी,
और ये कहानी पूरी हो जाएँगी,
पर तुम बोली ही नहीं,
मुझे देखती रही और फिर चली गई,
और मैं तुम्हें जाते हुए देखता रहा,
इस इच्छा में कि तुम अब पीछे मुड़ोगी,
और वो अन्तम् वाक्य बोल दोगी,
जिसे मैं सन्तुष्ट हो जाऊँ कि,
इस सम्बन्ध के अन्त को जी कर,
मगर तुम चली गई बिना कुछ कहे,
मैं वही बैठे रहा अन्त की प्रतीक्षा में,
उस वाक्य की प्रतीक्षा मे,
इस प्रेम-सम्बन्ध के अन्त की प्रतीक्षा में,
प्रेम

16. सितम्बर

ये सितम्बर का मास बड़ा ही,
उमस और नमी से भरा हुआ होता है,
ना ही इसमें कोई ख़्याल सूखता है,
और ना ही पूरी गिला होता है,
बस, सारी चीज़े पसिज जाती है,
ऐसे ही मेरी कविता के दो शब्द,
एक दूसरे मे घूल गए है,
"तुम" और "प्रेम",
इन दोनों शब्द को अलग कर पाना,
अब मेरे लिए मूमकिन नहीं है।

17. एक दिन

एक दिन अचानक मैं मर जाऊँगा,
कुछ लोग चौंक पड़ेगे,
कि ये कल ही तो हमसे मिला था,
कुछ लोग खबरे इखट्टा करने की कोशिश करेंगें,
कि क्या हुआ था ?
कोई बीमारी थी क्या ?
कैसे हुआ सब ?
वगैरा-वगैरा....
कुछ लोगों रोएँगें
और कुछ लोग रोने दिखने जैसा रोएँगे,
शायद कुछ लोग खुश भी होगें पता नही क्यूँ,
पर हाँ हो गएं,
फिर कुछ दिन बातें होगी,
फिर कुछ दिन मेरी यादे होगी,
आखिर मे सब भूल जाएँगें,
पर एक बेकार-सी रिवायत बन जाएँगी,
साल मे एक बार याद करने की,
मगर मैं इतना क्या सोच रहा हूँ,
मैं तो मर चुका हूँ,
कब का।

18. जॉर्ज

कुछ लोगों के हिसाब से,
मुझे सांस लेने का अधिकार नहीं हैं,
क्योंकि मेरी चमड़ी का रंग काला हैं,
और ये पहली बार नही हैं,
और ना ही ये इक लोता पेमाना हैं,
जाने का अधिकार को छिनने का,
कही मैं काला होता हूँ,
कही मैं आदिवासी,
कही मैं दलित,
और वक्त के हिसाब से,
मैं बदलता रहता हूँ,
और ना जाने मैं कब-से चिल्ला रहा था,
I CAN'T BREATHE,
I CAN'T BREATHE,
I CAN'....

19. क्रान्ति

मैं क्रान्ति करना चाहता था,
तो मैं ज़ोर-ज़ोर से चीखने लगा,
कुछ दिन अच्छा लगा,
मगर फिर देखा कि,
मेरी ही आवाज़ मेरे ही कानों को,
अब पसन्द नहीं हैं,
फिर मैंनें स्वर मे क्रान्ति करी,
मैंनें कविताएँ लिखी,
मैंने गीत लिखे, नाटक लिखे,
मगर एक दिन मैंनें देखा कि,
मेरी उन आग से भरी कविताओं में,
दो बच्चें अपनी एक ठण्डी रोटी लेकर बैठे हैं,
उसके बाद मैंनें आर्थिक क्रान्ति शुरू करी,
और इसमें मैं सफल भी रहा,
मगर त्रासदी की बात ये थी कि,
इसमें सिर्फ़ मैं ही सफल रहा,
अन्त में, मैंनें विचारों की क्रान्ति की,
तो अचानक, कुछ लोग मुझे,
बाई और खीचने लगे, तो कुछ लोग दाई ओर,
मगर मैं तो सीधी क्रान्ति करना चाहता था,
सिर्फ़ क्रान्ति।

20. प्रेम संघर्ष

मैं हमेशा से प्रेम को तलाशना चाहता था,
इसलिए नही, कि कही किसी मोड़ पर,
प्रेम मेरी प्रतीक्षा कर रहा होगा,
बल्कि इसलिए कि मैं प्रेम प्राप्ति से,
ठीक पहले के संघर्ष को जीना चाहता था,
फिर एक दिन मुझे प्रेम मिला,कही किसी मोड़ पर,
अकेला शान्त,सुन्दर,सम्पूर्ण
मैं कब से इस ही को तो तलाश रहा था,
मगर मैं खुश नहीं था,
प्रेम प्राप्ति के बाद ,
मैं थका हुआ, बूढ़ा महसूस करने लगा,
खाली समय में, मैं हमेशा प्रेम से अधिक,
प्रेम संघर्ष को याद करता था,
वैसे ही जैसे गौरवशाली गाथओं में,
युध्दों को याद किया जाता है,
फिर एक दिन मेरा प्रेम मर गया,
लेकिन मैं खुश था,
अब मैं ना ही थका हुआ,
ना ही बूढ़ा महसूस कर रहा था,
मैंनें महसूस कि
प्रेम मेरा प्रेम नही था, प्रेम संघर्ष मेरा प्रेम था।

21. कॉल

तुम्हें हर बार कॉल करके,

रिंग जाने से ठीक पहले ही,

मैं कॉल कट-कर देता हूँ,

हर बार सोचता हूँ कि,

HELLO के बाद,

क्या बोलूगां तुम से,

सच मे क्या बाते करना ज़रूरी होता हैं,

क्या बिना बातों की कॉल कर सकता हूँ,

कुछ देर सिर्फ़ रिसीवर पर सांसे लेते रहे,

हम दोनों। बस,

सिर्फ़ एक कॉल करने का मन कर रहा है,

कोई बरसों से !

22. सन्नाटा

चीखें दीवार खिड़कियों से टकराके,

घर में गूंगी हो गईं,

और जो कुछ गूंगी नहीं थी,

वो घर की दरारों, झरोकों या किसी भी कमज़ोर हिस्से से,

भाग निकली,

पर कभी भी मदद के साथ वापिस नहीं आईं,

आपको पता हैं ?

जब मार से पड़े काले निशानों पर,

मार पड़ती है तो,

वो सून हो जाती है,

मेरा पूरा शरीर सून हैं इस वक्त,

ये वक्त कितना शांत हैं यहाँ,

सब सो रहे हैं थककर,

सिर्फ़ मुझे छोड़कर,

आख़िरकार मार खाने में कोई मेहनत थोड़ीं लगती हैं,

सिर्फ एक कोने मे पड़े रहते हैं,

अपने शरीर को मोड़कर,

बहुत देर तक सून रहते हैं

बस।

23. ज़ख्म

कल ही मैनें देखा,

एक ताज़ा-ताज़ा ज़ख्म उस पर,

किसी मोहब्बत-सी बीमारी में डूबे हुए,

शख्स ने अपना और अपनी मेहबूब का नाम,

हर्फ़-दर-हर्फ़ कुरेद दिया,

उसकी जांघ पर,

बेचारे पेड़, ना ही रो सकते है,

और ना ही अपनी जड़ छोड़कर भाग सकते हैं,

सिर्फ़ खड़ रहते है,

ज़ख्म भरी यादे लेकर।

24. क्या हम

क्या मैं भी तुम्हारे साथ चल सकता हूँ ?
कंधे से कंधा,
चाल से चाल,
हाथ में हाथ लिए,
पहली कतार में तुम्हारे साथ,
इन सब से लड़ सकता हूँ ?
क्या मैं भी तुम्हारे साथ चल सकता हूँ ?

ये सभी दिखने मे ज़्यादों तो हैं,
ये सभी दिखने में खूंखार तो हैं,
पर ये सभी अन्दर से बिखरे-बिखरे हैं,
ये सभी अन्दर से डरे-डरे हैं,
ये सभी अन्दर से मरे-मरे हैं,
क्या पहली कतार मैं तुम्हारे साथ,
इन सब से लड़ सकता हूँ ?
क्या मैं भी तुम्हारे साथ चल सकता हूँ ?

हम सबका क्या हैं,
हम सभी तो मर ही जाएगें कुछ दिन बाद,
पर हमारे बाद क्या होगा,
ये सभी जो बचे गए हैं,
उन्हें बाँट देगें,
धर्म में,जात में,रंग में,

पार्टियों के निशान में,
विचारों में, राज्यों में,
पैसों में, इंकलाबों में,
तुम में, मुझे में,
सब को सब में बाँट डालेगें,

फिर रोज़ ये उन्हें नोच खाएँगें,
रोज़ अन्दर ही अन्दर सड़ाएँगें,
रोज़ कतरा-कतरा मरवाएँगें,
अपनी मौत से पहले,
क्या हम,

पहली कतार में हम साथ में उनसें लड़ सकते हैं ?
क्या हम साथ-साथ चल सकते हैं ?
क्या हम साथ-साथ उससे लड़ सकते हैं ?
हम साथ-साथ चल सकते हैं।
क्या हम...

25. सोनभद्र

आज एक और ज़मीन अपनी हुई,
आज एक और ज़मीन कबज़ाई गई,
आज एक और लाश आगन से उठी,
आज एक बार फिर साबित किया गया,
कि वो अभी ऊपर हैं,
आज एक बार फिर साबित किया गया,
समानता सिर्फ किताबी बातें हैं,
आज वो मासूम-सा चाँद आगन मे चुप-चाप खड़ा रहा,
आज सूरज कुछ जल्दी ही ढल गया,
आज ख़बरों मे एक और ख़बर जोड़ गई,
आज Anchor ने बड़ा ही भावुक-सा intro दिया,
कल नेताओं की भीड़ आई,
कल सारी पुरानी ख़बरे,
हमे एक बार के लिए याद आई,
और फिर,
कल एक और ज़मीन अपनी होगी,
कल एक और ज़मीन कबजाई जाएगी,
कल फिर से एक और लाश आगन मे उढेगी,
कल फिर से सब दोहराया जाएगा,
कल फिर से,
फिर से, फिर से, फिर से।

26. सितम्बर 2

यो लो सिम्तबर फिर से आ गया,
तुम्हारी मैन्युफ़ैक्चर डेट का महीना,
एक साल और पुराना मॉडल हो गए हो तुम,
एक साल और करीब आ गए हो,
अपनी एक्सपायरी डेट के,
काश ज़िन्दगियाँ भी recycle होती,
किसी प्रोड्क्ट की तरह।

27. टीस 2

टीस दिन की तेज़ दोपहरी में नहीं दिखती हैं,
ना ही भीड़ में चलते वक़्त आपका पीछा करती,
और ना ही किसी की बातों में सुनाई देती,
मगर वो,
हमेशा कही दूर-से आपको देख रही होती हैं,
और जैसे-ही आप अकेले होते हैं,
वैसे-ही वो आपको धर-दबोचती हैं,
और आप असहाय से ज़मीन पे,
गिरे रहते हैं हमेशा,
पर त्रासदी की बात ये हैं,
हम सब कभी उठे ही नहीं थे,
सिर्फ़ उठने की कल्पना मात्र से,
हम पूरी ज़िन्दगी जी लेते हैं।

अध्याय28

आज सच मे मालूम हो गया है, कि तुम कितनी दूर हो गई हो, तुम्हें फ़िर ख़त लिखा था, मैंनें मगर इस बार ख़त का जवाब आया, मेरा फटा हुआ ख़त और एक चिट्ठी जिसमें लिखा था,

यहाँ इस नाम का कोई नहीं रहता हैं। आईन्दा ख़त मत भेजना... नहीं तो !

तुम्हे जानकर बुरा लगेगा कि वो जो तुम्हारा पागलखाना था ना, वो अब किसी ओर का घर बन गया हैं। सच मे बहुत संदुर दिखता हैं अब, मगर उस घर में कोई आज़ाद नहीं हैं। अब उस लॉन की घासों को लम्बा होने का कोई हक़ नही हैं, या फिर पेड़ो की ड़ालियाँ को खुद में उलझना मना हैं, अब सब कुछ काबू मे हैं, एक-दम, तुम्हारी तरह नही हैं ये लोग, ये लोग सभ्य लोग हैं, इन्हें चीज़ो को काबू करना आता हैं।

(हँसते हुए)

पर ये बिलकुल अजीब बात हैं, आज़ाद हिन्दुस्तान मे तुम्हारा घर गुलाम हो गया हैं।

किरदार प्ले का एक dia

29. कॉल 2

आज-कल ख़ाब भी कितने हक़ीकत हो गए हैं,
कल-वैसे कुछ ज़्याद दूर भी नहीं था,
मैं फोन से,
मालूम ही नहीं चला, कब तुमने मुझे कॉल किया था,
यक़ीकन कोई तुम्हारे ही ख़्यास मे रही हूँगा,
फिर लगातार तीन कोशिशे की,
तीन नाकाम कोशिशें कॉल करने की,
थोड़ा-सा गुस्सा आया,
कि खेल-खेल की बातों मे कौन इतना खोया रहता हैं,
और फिर बहुत खुशी हुई,
चलो कोई तो संजीदा हैं,
अपने काम मे, कुछ देर में तुम्हारा कॉल आया,
लपक के मैंने कॉल पिक किया,
और बोला "हैल्लो"
तुम कुछ जवाब देती,
उसे पहले ही मेरी रात पूरी हो गई,
जागना पड़ा मुझे,
सोचता हूँ, किसी रोज़ तुम से मिलकर तुम्हारे मिलने का
ख़ाब देखंगा,
आज-कल ज़िन्दगी से ज़्याद ख़ाब ही हक़ीकत से लगते हैं।

30. स्मगलिंग

सिक्किम से दिल्ली आते वक़्त,
एयरपोर्ट पर,
मेरी चाल चोरों की तरह हो गई थी कुछ,
फट से सरकारी अफ़सर ने भाप लिया था,
तीन-चार अफ़सर ले गए,
मुझे एक कमरे में,
फिर बहुत देर तक मेरी और मेरे BAG की तलाशी लेते
रहे,
कई सवाल पूछे, मुझसे,
आखिर मे थक कर पूछा,
"कोई गैर-कानूनी सामान तो नहीं हैं"
मैनें झूठ बोला और ना मे सिर हिला दिया,
फिर उन्होंने मेरा सार सामान वापिस किया,
और आख़िर में एक कागज़ देकर मुझे जाने दिया.
जिस पर एक नज़्म लिखी थी,
सिक्किम तुम्हारे लिए,
मैं तो यूही पूरी फ्लाई मे डरा बैठा था,
मुझे तो लग था बिना किसी की इजाज़त के,
उसपे लिखना गैर-कानूनी हैं,
ये मेरी पहली स्मगलिंग थी,
तुम्हारी नज़्म के साथ,
सिक्किम टी दिल्ली।

31. कोशिश

मैं कैफे मे बुहत देर से,
कविता का इन्तज़ार कर रहा था,
कैफे का दरवाज़ खुला,
मगर कविता नहीं एक लड़का और लड़की आये,
और ठीक मेरे सामने वाले table पर बैठ गए,
दोनों कुछ बाते करते और हंसने लगते,
उन दोनों की हंस कविता जैसी थी,
फिर अचानक लड़की बहुत गम्भीरता से लड़के को देखने
लगी

-"क्या हुआ ? " लड़के ने पूछ
"क्या हम हमेशा हंस सकते है ?"
लड़के ने कहा "नहीं"
लड़की उदासी से खिड़की से बाहर देखने लगी,
"मगर हम कोशिश कर सकते हैं हमेशा"
और दोनों फिर से हंसने लगे
ठीक वैसे-ही जैसे कैफे में आते हुए हंस रहे थे,

32. मैं

मैं अक्सर खुद-से ही एक सवाल करती हूँ,
कि आख़िर मैं तुम्हीं ज़िन्दगी में क्या हूँ,
कभी मुझे लगता हैं कि,
शायद तुम्हारी ज़िन्दगी मे,
मेरी ओकात सिर्फ़ एक,
बिस्तर गर्म करने वाली औरत की हैं,
क्योंकि जब तुम्हारा मन हो,
तो ही मुझे बराबरी का बस्तर मिलता हैं,
मगर तभी मैं तुम्हारे नीचे ही होती हूँ,

या फिर,
तुम्हारी ज़िन्दगी मे,
मेरी ओकात सिर्फ़ एक मास के लुथड़े की हैं,
कि जब तुम हार जाओ,
नाकाम हो जाओ,
या फिर,
ख़ुद-ही मे बैचेन हो,
तो फिर इस मास के लुथड़े पर,
अपना गुस्सा निकल सको,

या फिर,
मैं तुम्हारी ज़िन्दगी में,
इक बहुत बड़े फायदे की तहरा हूँ,

जिस फायदे मे तुम्हें,
पैसा और एक जिस्म दोनों मिल गए,
और भी चीज़े हैं,
जो मैं तुम्हारी ज़िन्दगी मे हूँ,
लेकिन,
मैं तुम्हारी ज़िन्दगी में एक दोस्त नहीं हूँ,
एक बराबरी की हिस्से-दार नहीं हूँ,
और ना ही तुम्हारी ज़िन्दगी मे,
मैं एक इंसान हूँ,
मैं।

33. तलाश

मैं तुम्हें ढूंढ रहा हूँ,

तुम किसी और को ढूंढ़ रही हो,

वो ना-समझ

किसी और को ढूंढ़ रहा होगा,

मेरी जान, मुझे एक बात बताना,

ग़ालिबन क्या हम सभी इस जहां मे गुम हो गए हैं|

अध्याय34

जब मैं तुम्हारे साथ होता हूँ, ना,
कुछ देर के लिए,
कुछ ज़्याद की तंमन्ना नही रहती,
बस, कुछ देर चुपचाप तुम्हें देखता रहू,
बस कुछ देर हम दोनों बाते करे,
बस, कुछ देर तुम्हारे साथ बैठू.
और सोचता रहू कि,
तुम्हें इतनी सुख भरी कहानियों के आगे,
अपना कोई दुःख बातऊँ भी या नहीं,
पर जैसे ही मुझे कुछ मिलता हैं,
अपने अंदर तुम्हे बताने को,
जब तक कुछ देर खत्म हो जाती है,
और मैं फिर से कुछ देर का इंतज़ार करने लगता हूँ,
कुछ देर के लिए।

35. CAA

जिस्म पहले लाल हुआ,

फिर नीला,

और अब काला पड़ गया हैं,

धीमे-धीमे हमारे इंकलांबी नारों की जगह,

चीखों ने लेली,

और उनकी बातचीत की जगह भद्दी गलियों ने,

हमारी मुठ्ठी की जगह,

रात ने,

कुछ देर में सब कुछ साफ़ हो गया,

गर जीतना हैं,

तो काफ़ी दफ़े लॉकअप में हारना होगा,

36. CAA-2

दो रातों के बाद जब मैं घर आया,
तो बहुत ही खूबसूरत लग रहा था,
वो घर की धीमी-धीमी खूशबू,
वो साफ़ चादर,
वो चार-दीवारी, सुरक्षित होने का एहसास,
मगर अभी ये सभी ऐशो-आराम की चीज़े ज़ाया है,
अभी इनकी लत अच्छी नहीं हैं,
क्योंकि कल सुबह जल्दी उठना है,
कल सुबह एक और प्रोटेस्ट है,
शायद कल फिर डिटेन हो जाऊँ,
शायद कल फिर घर न आऊँ,
शायद कल फिर मार खानी पड़े,
शायद,
शायद,
शायद,
मगर हाँ बस...
एक चीज़ का यक़ीन है,
कल फिर लड़ना है।

37. आख़िर में यही क्यों होता हैं ?

वो करीब होकर भी दूर-सा दिखता हैं,
आख़िर में यहीं क्यों होता हैं ?

जो रात अधूरी होती हैं,
सपनों की दुनिया जागती हैं,
तेरे ख़ाब का आख़िरी सीरा जो,
बिना पूरा हुए मरता हैं,
चांदनी में चाँद दूध में मिशरी-सा घुलता हैं,
हर बार अचानक आँखों से नींद का साया हटता हैं,
आख़िर में यहीं क्यों होता हैं ?
आख़िर में यहीं क्यों होता हैं ?

यूही खाली बैठे-बैठ,
पसन्द, ना-पसन्द सी बातों में,
किसी और की कहानी, कविता में,
वो किसी और को ही तलाशता फिरता हैं,
आख़िर में यहीं क्यों होता हैं ?
आख़िर में यहीं क्यों होता हैं ?

ठीक पूरे होने से पहले डर को डर लगता हैं,
तेरे नाम लेने से पहले सांसों का पार चढ़ता हैं,
नींद में वो पागल हवा में तेरा नाम लिखता हैं,

जो जा चूका हैं, उसे मिले को मन करता हैं,
बहुत देर-से ही सही, पर गलती को भी गलत लगता हैं,
हर कहानी के आख़िर में ये शाम का सूरज ढ़लता हैं,
आख़िर में यहीं क्यों होता हैं ?
आख़िर में यहीं क्यों होता हैं ?

38. कभी देखी हैं बाढ़

कभी देखी हैं बाढ़
कभी देखा है, दूर-दूर तक सिर्फ़ पानी ही पानी
कभी देखा है, नदी तोड़ देती है, अपनी सारी मर्यादाओं को,
दूर-दूर तक फैली फसलें आ जाती है, बाढ़ की चपेट में,
मुर्दा लाशों को तरतें कभी देखा है।
शायद देखा हो आप सबने ये सब,
लेकिन मैंनें कुछ ओर देखा है, बाढ़ में,
मैंनें बाढ़ में गिले बदनों में सूखी भूख दिखी है,
देखी ही गिले हाथों में गिली रोटियों,
देखा है कमर तक पानी,
सड़कों पर नाव चलती देखी हैं,
गर्म अंगारों से जलते हुए चूहलें को आज ठंडा देखा,
आपने कभी देखी है, किसी रूह को गलते हुए,
मैंनें इस बाढ़ में बहुत कुछ देखा,
आपने कभी देखी हैं बाढ़

कुछ ग़ज़ल

39. सिरदर्द

मेरे यारों तुम मेरी बर्बादी का जश्न बनानाओ,
क्या कहां साजों-समां नही हैं, तो मेरे घर से लेजाओ,

डूबते जहाज़ मे से तो सभी भाग जाते हैं,
तुम आखरी हो, तुम भी निकल जाओ,

मना हम थे, जहन्नम के जलाद,
तुम तो फरिश्ते थे, तुम तो नज़र मिलाओ,

ए-आदमखोर तू मुझे क्या घूर रहा हैं,
ज़रा करीब आओ, मेरी ज़िन्दा लाश नोच खाओ,

मुझे मौत से पहले नेहलाना की तमन्ना हैं,
तुम मुझे मेरे ही लहूँ से नेहलाओ,

ये शख़्म जो मोहब्बत के वायदे करता है अब भी,
इस कमबख़्त का मुँह नोच खाओ,

जब दैरो-हरम लोगों को बाँटना शुरू करदे,
तो फिर इन दैरो-हरम मे आग लागाओ,

तुम मुझसे नाराज़ हो, मेरी जाना,
तो तुम ख़दा से मेरे नाम की बद्दूआ गाओ,

उसे मुझे सजा हुआ देखना पसंद हैं,
तो अब तुम सभी मेरा जनाजा सजाओ,

उसकी महफ़िल की रोनक सभी कम ना हो,
तुम सभी मुझे अंगापो पर नचाओ,

अब सभी मुझे मशवरा देते, फिरते हैं,
चलो अब किसी और के हो जाओ,

क्या अब तुमभी पागल हो गए हो,
आओ फिर मेरे साथ ज़ोरो-ज़ोरो से चिल्लाओ,

क्या हमे इस महफ़िल को हँसाना हैं,
तो पहले हमें खूब रूलाओ,

अब मैं ख़ुद ही में मर गया हूँ,
अब तुम मेरा फ़ातिया पढ़वाओ,

अब मुझे मालूम नहीं मेरा दीन क्या हैं ?
तो मुझे आधा जलओ, आधा दफ़नाओ,

अभी बाज़ी ख़त्म नही हुई हैं,
अभी बचा हैं मेरा एक और दाओ,

मैं अब अपना ही मातम् बन रहा हूँ,
मेरे मातम में, मेरे यारों शरीक लाओ,

अब तो ज़िन्दगी बस इतनी सी हैं,
रात को सो और सुबह दफ्तर जाओ,

मैं इस शहर का अब सिरदर्द बन गया हूँ,
मैं जहाँ मिलू, मुझे पर पत्थर बरसाओ,

मैं तुमसे मोहब्बत करने लगा हूँ, जाना,
चलो अब तुम भी मुझे छोड़ जाओ,

क्या तुर्किया तुम कुछ कर सकते हो,
नही कर सकते, तो भी मर जाओ,

अध्याय40

मैनें अल्फाज़ो को अफ़साना बनता देखा हैं,
मैनें तुम्हे करीब आते-आते दूर जाता देखा हैं,

मुझे लगता था, हर चीज़े बिकाऊ नही होती,
मैं गलत था, मैंनें अपने ग़म को भी बिकता देखा हैं,

मोहब्बत भी क्या बीमारी हैं,
इसमें खुद-को रोज़ कतरा-कतरा मरता देखा हैं,

मैं बेहद झूटा शख्स हूँ मेरे यारों,
मैनें खुद-पे अपनी झूटी मोहब्बत सच्ची जताता देखा हैं,

जो शख्स कभी कोई रिश्ता ना निभा सका,
मैनें उसे सच्ची दुश्मनी निभाता देखा हैं,

और ये मत मान तुर्किया कि मौत के बाद तेरी बड़ाई
होगी,
मैनें मात्म मे भी लोगों को फुस्फूसाता देखा हैं,

अध्याय41

कयानात, इन दोनों मे कितना गुस्सा फैला गया,
रात में घर आई, दिन गुस्से से चला गया,

मेरी मोहब्बत के पन्नें आज कोर निकले,
मैंने आँसूओं से लिखा और वक्त सब सूखाँ गया,

वो रात मे दिन तलशातें रहे, शहर भर में,
वहाँ का सरजू, वो कब-का डूबा गया,

ये लोग मिलकर किताबों की बाते करने लगे,
मैं वहाँ से उठा और कहानियों में चला गया,

यहाँ बैठ-बैठ किसका इंतज़ार कर रहे हो,
यार, जिसको यहाँ आना था, वो तो चला गया,

ये बड़ा अजीब जूआ हैं, ये बड़ी अजीब बात हैं,
मोहब्बत मे एक ही शै थी, रोज़ उसे हारा गया,

अध्याय42

मायूस निगाहों को इक चेहरा दिखा,
कुछ तुम जैसा, कुछ उस पहरा दिखा,

कल इतनी मायूस रात रही,
फिर सवेरा मे भी अंधेरा दिखा,

वहाँ के लोग सभी हैरान रहे,
अक्लमन्दों को एक आवारा दिखा,

दरिया के मुसाफिर सब टूट गए,
जब दरिया के पार सहारा दिखा,

एक मोहब्बत की क्या सज़ा पाई उसने,
फिर मैंनें उसे सिर्फ हारा-हारा दिखा,

अध्याय43

तेरी इजाज़त के बगैर तुझे बुलाएँ तो बुलाएँ कैसे ?
आखिरी मुलाकात से पहले तुझे भुलाएँ तो भुलाएँ कैसे ?

ये गुम-सुम सी रात, ये मेरा खाली कमरा, और तेरी यादें,
मेरी जान तूही बाता खुद को सुलाएँ तो सुलाएँ कैसे ?

मोहब्बत के सफर मे अब उसके ज़ख्म रीसने लगे हैं,
अब उसे इस सफऱ मे और चलाएँ तो चलाएँ कैसे ?

मेरी नज़रे अब सुख कर पत्थर होगी हैं,
मुझे अब कोई रूलाएँ तो रूलाएँ कैसे ?

ये शहर में सभी लोग बे-दिल के फिरते हैं,
तुर्किया अब किसकी से दिल लगाएँ तो लगाएँ कैसे ?

अध्याय44

तेरी कसबाहों मे ये नींद थक कर सो गई,
बेहद दिनों बाद आज रात मुकम्मल हो गई,

वो मंज़िल जो चलते-चलते कभी करीब ना दिखी मुझे,
जो मैंने थक कर दम भरा वो मंज़िल करीब हो गई,

अब क्या मलाल करू मैं खुद का खुद से बिछड़ने का,
जो रूह मुझमें सिमटी हुई थी, वो रूह मुझसे खो गई,

ये मोहब्बत है तुर्किया कोई जेल थोड़ी हैं,
वो आई आपनी मर्ज़ी से अपनी मर्ज़ी से वो चली गई,

अध्याय45

आज दोपहरी से ही एक बैचनी सी रही,
बेहद देर तक दिल मे एक खामोशी सी रही,

अब तेरी किसी ख़बर का आलम् ऐसा हैं,
जैसे खुशी मे भी कोई बेदिली सी रही,

हमसे मिलने पर तुमने अपने अंदाज़ बदल दिए,
हमारे अंदाज़ो मे भी आज कुछ तक्लूफही सी रही,

कौन कहता था, हम तुम्हारे राज़दान हैं,
यहाँ तो हमेशा से मीलो की दूरी सी रही,

मैं भी अरसे से ख़ुद ही मे सिमटा रहा,
तू भी ख़ुद मे यूही सिमटी सी रही,

जैहन में आया जब से मौत का ख़्याल,
ज़िन्दगी में फिर उदासी-सी रही,

अध्याय46

अब ना ही मैं तुर्किया रहा, ना ही शायर रहा,
मैं जो भी रहा, फ़क़त अपने अंदर रहा,

मैंने अपने सभी दोस्त गवाह दिए, दुश्मनो से जीतने मे,
फिर ऐसा हुआ कि, एक अरसे तक मेरा निढ़ल सर रहा,

क्या मिल गया मुझे ज़माने से जुदा होकर,
इतना कि मैं फिर अपने घर रहा,

एक बेतरीन जंग जीतकर मे भी
एक अरसे तक मुझे हार का डर रहा,

मैंने तखल्लुस को मतले मे लिख दिया
फिर मैं इस शायर-ए-बज़्म मे जोकर रहा,

अध्याय47

मुझे कोई ऐसा जाम पिला-ए-मेहनशी कि मेरे माथे की
शिकन पिघल जाएं,
जो शख़्म मेरी रूह में जा सिमट हैं, वो मेरी रूह से निकल
जाएं,

जो शख़्म मेहकदे से हर सेवेर लड़-खड़ाता निकलता था,
ये उसकी आदत थी, खुद-ही लड़-खड़ाएं खुद-ही सम्भल
जाएं,

ये मोहब्बत ना जाने कैसा बवा हैं,
छूआ किसी को नहीं लेकिन सब मर जाएं

अब क्यूँ नई तरकीब लगाता हैं, मुझे बेहलाने की तुकिया,
मैं उन्हीं तरकीबों से बेहलता हूँ, जिनसे तू बेहल जाएँ,

अध्याय48

तुम चाहो भी तो मैं तुम्हें छोड़ नहीं सकता,
दूसरी मोहब्बत का लिबास औड़ नहीं सकता,

हम दोनों इक दूजे को देखते तो हैं मगर छू नहीं सकते,
हमारे दरमियां इक कांच की दीवार हैं मैं इस तोड़ नही
सकता,

तेरी इज्ज़ात हो और मेरा दिल ठान ले,
तो फिर ख़ुद भी इन कदमों को मोड़ नहीं सकता,

अब यार इक गाठ पड़ गई हैं इस रब्त में,
अब मैं भी, इस रब्त को वैसा जोड़ नहीं सकता,

अध्याय49

ये कैसी उम्र गुज़ारी जा रही हैं,
दिल से तुम्हारी बे-करारी जा रही हैं,

वो जो ज़ुलेखा थी ना,
वो अब तुम पर वारी जा रही हैं,

ये कैसा-सा जादूं है, आपका,
हमारे हाथ-से बाज़ी हारी जा रही हैं,

अब क्यूँ ना चीख-चीख कर गला चीर दे हम,
बड़े ही शोर-ओ-गुल से उसकी सवारी जा रही हैं,

वो जो खाईशे थी हमारी,
उसके दर-पर मारी जा रही थी,

अध्याय50

मोहब्बत कुछ नहीं बस इक गुमां था,
जिसे हमे ख़ुदा बनाया वो भी तो इंसां था,

वो जो हमारी बातों मे मोहब्बत जावेदानी थी,
वो कुछ नहीं बस हमारा पिंदारे-जाँ था,

हैरत की बात तो ये रही, जाना,
तुम्हारे जाने के बाद भी बहार सब खुशनुममां था,

कल रात वो तुम त नही थी, ना,
नहीं , शायद, यक़ीनन, वो मेरा सपना था,

ये जो बर्बाद-सा हिरत हैं,
ये कभी उसका भी मकां था,

अध्याय51

मोहब्बत कुछ नहीं बस इक गुमां था,
जिसे हमे ख़ुदा बनाया वो भी तो इंसां था,

वो जो हमारी बातों मे मोहब्बत जावेदानी थी,
वो कुछ नहीं बस हमारा पिंदारे-जाँ था,

हैरत की बात तो ये रही, जाना,
तुम्हारे जाने के बाद भी बहार सब खुशनुममां था,

कल रात वो तुम त नही थी, ना,
नहीं , शायद, यक़ीनन, वो मेरा सपना था,

ये जो बर्बाद-सा हिरत हैं,
ये कभी उसका भी मकां था,

इस ज़िन्दगी ज़िस्म मे जिसकी लाश पड़ी हैं,
वो मोहब्बत से बे-मेहर तुर्किया था,

अध्याय52

बरसात के बाद धूप आँखों को चूबती हैं,
आईना साफ हो तो आसली शक्ल दिखती हैं,

ये ज़िन्दगी आख़िर कोई ट्रेन ही है क्या,
सुख और दुख पर बराबर चलती हैं,

खाईश यक़ीनन कोई बच्ची ही होगी,
जो ना मिले उसपे ज़्यादा बिलखती हैं,

आख़िर यहीं क्यूँ होता हैं बार-बा,
जो ना मिले उसपे ज़्यादा खल्ती हैं,

और भी बहुत कुछ कहना तो था, मेरी दोस्त,
मगर ये याद रखना, ज़िन्दगी हमेशा चलती हैं,

अध्याय53

दबा हुआ तो बहुत कुछ हैं सब कुछ कहा नहीं जाता,
जो सबसे आसान हैं बस वहीं कहा नहीं जाता,

यक़ीनन तुम ज़लैखा से भी खूबसूरत हो मेरी जान,
मगर हद से ज़्याद भी खूबसूरत शख़्स साहा नहीं जाता,

ज़िन्दगी में बिस्तर हमेशा लाध कर ही चलना,
याद रखना हर जगह रहा नहीं जाता,

कहने को तो तन्हा सिर्फ़ जिस्म ही मरता हैं,
हक़ीकत में कोई तन्हा नहीं जाता,

हर किसी के कई चेहरे होते हैं, तुर्किया,
एक चेहरे से दूसरा चेहरा, चाहा नहीं जाता,

अध्याय54

आओ तुम्हारे लिए एक नज़्म लिखे हम,
ऐसे जैसे ख़ुद के लिए महरम् लिखे हम,

तुम ऐसे ज़िन्दगी मे आकर चले जाना,
कि फिर ग़ज़ल मे सिर्फ ग़म लिखे हम,

ये ऱब्त ऐसा तो सोचा ना था,
कि तुम लिखे तुम और हम लिखे हम,

ये जो मेरी कहानियाँ होती हैं,
इसमे सिर्फ़ अपना भ्रम लिखे हम,

अब तेरे आशार से लहू रिस्ता हैं तुर्किया,
आख़िर क्यूँ ना रिस्से जब अपने ही ज़ख्मो पे ज़ख़्म लिखे
हम,

अध्याय55

जब से ये दिल मोहल्ला विरान हो गया हैं,
अब सभी से मिलना आसान हो गया हैं,

जो मेरा हाल देखता था रोज़,
आज वो शख़्स भी हैरान हो गया है,

कितना झूठ साबित हुआ मैं ख़ुद में,
मेरी मौत का बखान हो गया हैं,

उससे क्या ही बात करू मैं,
वो तो अब तेरी आन हो गया हैं,

बहुत साल तो लगे पर हाँ,
अब ये दिल इंसान हो गया हैं,

जिसको तू ऊपर ढ़ढ़ता हैं,
उसका नांम अब आसमान हो गया हैं,

मेरी जाना तुम उसकी तो मत ही सुनना,
जो शख़्स तुर्किया था, वो अब बे-ईमान हो गया हैं,

अध्याय 56

तुम्हारे चाहने वाले यहाँ से सब चले गए,
इस मकां से अब सब चले गए,

अब आँखे मुदने पर सिर्फ़ अंधेरा दिखता हैं,
जितने भी ये मेरे, सारे खाब़ चले गए,.

मेरे साथ रात बीताने का वाईदा करने वाले,
जब मैंने आँखें मुदी वो तब चले गए,

तेरे काफ़िले के इन्तज़ार में, हम तेरी याद करने लगे,
तेरे काफ़िले यहाँ से कैसे, कहाँ और कब चल गए,

अध्याय57

मैं कौन हूँ ? मैं क्या हूँ ? मैं कौन हूँ ?
तुम कौन हूँ ? तुम क्या हूँ ? मैं कौन हूँ ?

ये इंसानी बाज़ार हैं और मैं इस बाज़ार मे हूँ
क्या मैं खरीदार हूँ ? या फिर सामान हूँ ? मैं कौन हूँ ?

यहाँ अक्स ही अक्स है, सभी इक दूजे से दिखते हैं,
मैं किस-सा दिखता हूँ ? मैं किसका अक्स हूँ ? मैं कौन हूँ
?

मैनें अपने सपनों का क़त्ल कर, उसपे दौलत का लिबास
ओढ़ लिया,
क्या मैं क़ातिल हूँ ? क्या मैं मज़बूर हूँ ? मैं क्या हूँ ?

अध्याय58

आज नींद का बादल आया और चला गया,
उसके कुछ कहाँ बड़बड़या और चला गया,

शायद चारासाज़ी उसे ना-पसंद होगी,
वो चारागाह में आया, ज़ख्म सिलाया और चला गया,

वो यक़ीनन सपनों का कारोबारी ही होगा,
दिन में रैना का सपना दिखाया और चला गया,

बहुत दिनों से वो सिर्फ़ उदास हूँ था, मेरी जाना,
किसी को गले लगाया उसे रूलाया और चला गया,

वो शख़्स शायद बंजारा होगा ज़िन्दगी की तरहा,
मेरे करीब आया, मेरे अन्दरू रहा और चला गया,

वो उसकी और मेरी आख़िरी-ही मूलाक़ात थी,
उसने मुझे मरने का फ़न दिखाया और चला गया,

तुम तो जानते हो, तुर्किया पागल शख़्स है,
किसी के करीब गया. शेर सुनाया और चला गया,

अध्याय59

मुश्किल था लेकिन हमने प्यार किया,
अकेला सफ़र हमने, अकेले पार किया,

हमको मालूम था तुम्हारे वाइदे भूलने की आदत का,
फिर हमने तुम्हारे सारे वाईदे पर ऐतबार किया,

वो भी कितना हसनी बात थी ना,
तुम्हारे जाने के बाद भी हमने तुम्हारा इंतज़ार किया,

किस मे दम था हमको बर्बाद करने का,
वो सिर्फ़ मैं था जिसने ख़ुद-को बेज़ार किया,

यार वो नहीं करना था,शायद हाँ,
लेकिन हमने किया वोहि बार-बार किया,

ये कौन है इस विरान घर में,
जिसने हम पर रोज़-रोज़ वार किया,

तुम तो ख़ुद ही मे मश्गूल थे तुर्किया,
फिर तुम्हें किसने नादिर-ए-रोज़गार किया,

अध्याय60

इस रात में तुम्हारा कोई ख़ाब बूना जाएँ,
फिर किसी ग़ज़ल को तुम्हारा चेहरा दिया जाएँ,

बातों में सूकूं, हुस्न दिल कश उसका,
क्यूँ ना फिर उसको आखरी दफे मिला जाएँ,

अब तो इजाज़तो का दौर हैं,
बे-सबब कोई काम ना किया जाएँ,

ये ग़म की बस्ती हैं, ये मोहब्बत की बस्ती हैं,
मिया यहाँ से जल्द-से-जल्द निकाला जाएँ,

कय़ानात ने यही सोच कर दुनिया बनाई थी,
कि इंसान से इंसान ही जना जाएँ,

अंदरू ही अंदरू धुटन महसूस कर रहा हूँ,
ना क्यूँ तुर्किया का सीना फाड़कर निकला जाएँ,

अध्याय61

ये ज़िन्दगी हारी-सी-हारी हैं,
साँसे अब हम पे बहेद भारी हैं,

तेरा वस्ल महरम तो हैं ज़िन्दगी का,
मगर तेरा हिज़्र ख़ुद में इक आरी हैं,

ये मोहब्बत हैं या कोई नफ़रत हैं,
बे-सबब है लेकिन जारी हैं,

उसके कूचे मे मेरी गश्त लगती हैं,
पैसा है लेकिन उधारी हैं,

कौन कहता हैं ये ग़ज़ले मेरी हैं,
वो झूटा है, ये तुम्हारी हैं,

अध्याय62

"नया इक रिश्ता पैदा क्यूँ करें हम,
बिछड़ना है तो झगड़ा क्यूँ करें हम,"
{ये मतला जॉन एलिया सहाब का है}

ये कूचा तो तेरे चहाने वालों का हैं,
तो फिर अब यहाँ ठैहरा क्यूँ करें हम,

हाँ जब शराब पीना ही मक्सद हैं मेरा,
तो फिर ख़ुद को सम्भाला क्यूँ करें हम,

जब ये मालूम था कि बिछड़ना हैं,इक रोज़
तो फिर उससे गिला क्यूँ करें हम,

कम्बख़त तुम्हे भूलने की चाह में,
और ज़्याद तुम्हे चाहा क्यूँ करें हम,

अध्याय63

उसे बिछड़कर मुझे-मुझसे बिछड़ना पड़ता हैं,
रोज़ रात मर कर मुझे सवेर जगना पड़ता हैं,

ये कैसी कैफ़ीयत हैं तेरे किरदार की मेरे यार,
तुझे ग़म मे भी मुस्कूराना पड़ता हैं,

जहाँ तेरी रूह भी जाना नहीं चाहती,
तुझे वहाँ-वहाँ भी जाना पड़ता हैं,

मुझे मालूम हैं कि मैं कहाँ थक जाऊँगा,
जहाँ से चन्द कदमों पे उसका आशियाना पड़ता हैं,

ये मोहब्बत की बाज़ी हैं मेरे यार,
यहाँ जीत के भी हारना पड़ता हैं,

ये भी तो उसका एक फ़न ही होगा,
आता ही उसको कही जाना पड़ता हैं,

तुर्किया ये कैसी ज़िन्दगी हैं तेरी,
तुझे अपने ग़म को भी गुनगुनाना पड़ता हैं,

अध्याय64

ना जाने कब-तक चीखता रहा वो,
कुछ देर ठहरा और फिर चलता रहा वो,

अब ज़िस्म मे रूह कैद लगती है,
फिर जिस्म मे ता-उम्र लड़ता रहा वो,

इक दफ़े जो गलत फैसला किया,
फिर रोज़-रोज़ मरता रहा वो,

ये ज़िन्दगी क्या कोई नाटक हैं,
सब जान के भी डरता रहा वो,

जो नदामत की बात थी, वो तो भूल गया,
फिर ता-उम्र सिर्फ़ बातों को सोचता रहा वो,

जो इक बार वो घर से निकला था.
फिर उम्र-भर घर ढ़ढता रहा वो,

अध्याय65

ना जाने कब-तक चीखता रहा वो,
कुछ देर ठहरा और फिर चलता रहा वो,

अब ज़िस्म मे रूह कैद लगती है,
फिर जिस्म मे ता-उम्र लड़ता रहा वो,

इक दफ़े जो गलत फैसला किया,
फिर रोज़-रोज़ मरता रहा वो,

ये ज़िन्दगी क्या कोई नाटक हैं,
सब जान के भी डरता रहा वो,

जो नदामत की बात थी, वो तो भूल गया,
फिर ता-उम्र सिर्फ़ बातों को सोचता रहा वो,

जो इक बार वो घर से निकला था.
फिर उम्र-भर घर ढइता रहा वो,

जब तक ख़ून थूकने का फन ना सिका,
जब तलक शराब ही पीता रहा वो,

आज उससे बहुत-सी बाते करनी थी,
मगर सिर्फ उसकी सुना रहा वो,

अध्याय66

अफसाना-नीगरी भी मेरा फन क्या था,
जो भी सच था वो एक अफ़साना था,

बातें तो दिल-शिकन बहुत सी थी मेरी जाना,
जो याद रही मेरे रोने पर तेरा मुस्कूराना था,

हम उसे भूले भी तो कैसे भूले,
उसकी गली मे मेरा आना-जाना था,

आज मुझे बज़्म सजानी थी,
और आज सभी कही-ना-कही जाना था,

मैनें मरने का फ़न सीख लिया,
अब तुम्हें अपना ये आखरी फन दिखाना था,

सुना हैं आज़माने से लोग गैर हो जाते हैं,
और तुर्किया तुम्हें सबको अज़माना था,

अध्याय67

एक काम करो परिन्दों के पर नोच डालों,
और फिर उनको सारा आकाश सौंप डालों,

एक चिंगारी गिरा कर तुम ने अपना काम कर दिया,
अब सारा जंगल उसको सौंप डालों,

इस गरीब की लाश पर कुछ गोश के लुथड़े बचे हैं,
इन्हें भी किसी योजना के तहत नोच डालों,

ये बात करते हैं, सबकी लेकिन,
कुछ लोगों को इस भीड़ से निकाल डालों,

मंच पर आने से पहले ये ज़रूर करना,
खून से सने हाथों को धू डालों,

अध्याय68

ये जो मुझे तलाश रहा हैं बहार कौन है ?
मैं तो कबसे अंदर हूँ, मेरे अंदर कौन हैं ?

ख़ुद ही मे लड़ते-लड़ते मैं हार गया,
मेरी जीत क्या थी, मेरी हार कौन हैं ?

ये पानी होने के बावज़ूद भी सराबों पर नज़र रखता हैं,
यहाँ पर ये नया धोड़सवार कौन हैं ?

एक अरसे से ऐतबारों पे जी रहा हूँ,
कोई मुझे भी बतलाऐगा कम्बख़त ये ऐतबार कौन हैं?

तुमने कहाँ मोहब्बत मे हम बर्बाद हो जाएगी,
मगर हममें से सिर्फ़ बेज़ार कौन हैं ?

हमने तो ख़ुद को बेहद मसरूफ़ रखा,
फिर ये नादीर-ए-रोज़गार1 कौन हैं ?

मेरी तहरीर मेरे सारे राज़ बताती है,
तुर्किया तुझ मे ये काफ़िर कौन है ?
1. बेरोज़गार

अध्याय69

मैं वहाँ से चला और वहाँ पहुँचा नही,
यानी ऐसा हैं जैसे मैं ख़ुद से निकला और निकला नहीं,

मैं हर सफ़र मे तेरी तलाश करता रहा,
मैंने तुझे देखा मगर कभी तुझसे मिला नहीं,

लोग कहते हैं तुम मरयम् सी दिखती हो,
मैंने मान लिया, मैंने मरयम् को कभी देखा नहीं,

हर किसी को अपनी-अपनी मोहब्बत चुने का हक हैं,
मैं एक उम्र ग़म मे रहा मैंने ये सोचा नहीं,

अभी मेरी मौत का तमाशा बाकी हैं तुर्किया,
कुछ वक्त और रूको अभी कही जाना नहीं,

अध्याय70

जो नज़्म कभी मुक़म्बल ना हुई होगी,
वो रात दिन कितनी तड़पती होगी,

वो अब्रे-चाँद की रातों में,
वो बारह निकलती होगी,

मैं तो अब उसे मिलता भी नहीं,
अब वो यकीनन खुश-ही होगी,

उसके लिए ये बात नदामत की हैं,
वो मेरी कभी दोस्त रही होगी,

आज हिज़्र और वस्ल की आख़री मुलाकात है,
आज वो कितनी देर-तलक सजती रही होगी,

तुर्किया अब तू, तू हो रहा हैं,
क्या अब वो, वो हो रही होगी,

अध्याय71

हमें भी कभी-ना-कभी फिर से मोहब्बत हो गई,
जब हमें तुमसे थोड़ी सी नफ़रत हो गई,

मेरे शायरी से उसे तकलीफ़ होती होगी
अब तो मेरी तहरीर1 से उसे वहशत हो गई,

जिसे तुमने चाहा होगा मेरी जान
उसकी सूरत कितनी खूबसूरत हो गई,

ये जो ग़म बेच कर मिला हैं मुझे,
ये मेरी नहीं,उसकी दौलत हो गई,

अध्याय72

हमें भी कभी-ना-कभी फिर से मोहब्बत हो गई,
जब हमें तुमसे थोड़ी सी नफ़रत हो गई,

मेरे शायरी से उसे तकलीफ़ होती होगी
अब तो मेरी तहरीर1 से उसे वहशत हो गई,

जिसे तुमने चाहा होगा मेरी जान
उसकी सूरत कितनी खूबसूरत हो गई,

ये जो ग़म बेच कर मिला हैं मुझे,
ये मेरी नहीं,उसकी दौलत हो गई,

अध्याय73

तू खुश रहियों की ऐसे ही रहियों,
मेरी साये से भी अब दूर ही रहियों,

हम दोनों आज मिले और मुस्कुराए भी,
ज़िन्दगी तू हमेशा ऐसे ही झूठी रहियों,

हँसते हुए लोग चिढ़ाते हैं तूझे,
उनकी हँसी में तू बस उन्हें घूरते ही रहियों,

अब मेरा आईना भी नहीं समझता मुझे,
मेरी समझ अब तू अकेले ही रहियों,

तुर्किया नाम नहीं एक ज़ख़्म हैं,
तू इसे बस कुरेदते ही रहियों,

अध्याय74

उसने सन्नाटे को शांति समझाया होगा,
यही देख कर सभी ने हथियार बनाया होगा,

सभी जगह एक जैसे ही हाका बसते है,
सभी ने सभी को सिर्फ डराया होगा,

ये अजीब लोगों की अजीब महफ़िल हैं,
गाने को भी यहाँ लोगों ने चिल्लाया होगा,

ये शख़्स मेरे हक़ में नहीं बोलता,
ये यक़ीनन दूसरे मुल्क से आया होगा,

अब सभी नफरत की ज़बा बोलते हैं,
नफ़रत ने नफ़रत को खूब भड़ाया होगा,

अध्याय 75

ना जाने वहाँ क्या हुआ होगा ?
कौन जाने वहाँ, अब कौन रहा होगा ?

ये राह रात-भर मुसाफ़िर तलाशती रही,
आज ये भी अकेला सोया होगा,

ये घास जो उगी हैं, इस खंडहर में,
इसको यहाँ किसने कब बौया होगा,

ये दरख़्ते भी सरकारी इस्किम जैसे हैं,
इन में हर जगह सूराख रहा होगा,

अध्याय76

तू मैंनू आज याद आया तू बोहोत सारा,
जैसे काली रात विच कोई उजला तारा,

अज्ज रात वी अब्रे-चादर सी निकली,
मैंने अब्रे हटाया, तुमने उससे फिर उड़ाया,

बोहोत हुआ यू, ये अंखा की लूक्का-छप्पी,
मैंने तुझे भूलाया, तूने मुझे भूलाया,

लेकिन अज्ज जिवे रात बोहोत विरह-की निकली,
तू अज्ज मैंनू बोहोत याद आया, बोहोत याद आया,

अध्याय77

चलो अब आओ किसी के ए कारोबार करें,
सच की गुहाई दे और झूठ का व्यापार करें,

ये काम तुम कैस कर सकते हो मित्रों,
अपनों को बाहर, और गैरों को प्यार करें,

अब विपक्ष, विपक्ष ना रहा,
चलो अब छात्रों पर वार करें,

चुनाब हार भी गए तो क्या हुआ,
आओ फिर ख़रीद की सरकार करें,

ये सूचना दे रहा हूँ, अब प्राइम टाईम पर,
हम सिर्फ एक ही पक्ष को नमश्कार करें,

अध्याय78

चलो अब आओ किसी के ए कारोबार करें,
सच की गुहाई दे और झूठ का व्यापार करें,

ये काम तुम कैस कर सकते हो मित्रों,
अपनों को बाहर, और गैरों को प्यार करें,

अब विपक्ष, विपक्ष ना रहा,
चलो अब छात्रों पर वार करें,

चुनाब हार भी गए तो क्या हुआ,
आओ फिर ख़रीद की सरकार करें,

ये सूचना दे रहा हूँ, अब प्राइम टाईम पर,
हम सिर्फ एक ही पक्ष को नमश्कार करें,

अध्याय79

आज यहाँ एक जलसा रखा है,
सभी गूंगे बहरों मे ये शोर मचा हैं,

ये लोग पत्थर को भगवान समझते है,
आज एक पत्थर लल्ला बना है,

ये शहर बहुत अजीब शहर हैं,
यहाँ झूठी कहानियाँ का सच्चा हल्ला सुना है,

इतना शोर मचा है वहाँ पर,
लगता है कोई तमाशा चल रहा है,

वो सिर्फ़ अपनी बोलकर चला जाता है,
वो बोलता क्या हैं, वो कौन-सी ज़बा समझता है,

अब ख़बरों मे ख़बर नहीं रही,
ख़बरों में सरकारी इश्तहार छप रहा है,

अध्याय80

त्रिशूल का तलवार से टकराना अभी बाकी हैं,
हारे का भगवे से लड़ना अभी बाकी हैं,

अभी तो बुरा होना है, अभी सिर्फ़ इक लाश उठी है,
सारे-का-सारा शहर जलना अभी बाकी हैं,

जिन्हें भी लगता है, उसका धर्म ख़तरे मे है,
उनके लिए मासूमों की जां लेना अभी बाकी हैं,

बुरा तो अभी और होगा, मेरे यारों,
बच्चों का भी महज़बी होना अभी बाकी हैं,

दिन-रात, रात-दिन बस,
आग ही आग धुआँ ही धुआँ अभी बाकी है,

शहर भर मे आग के पतंगे उड़ रहे हैं,
एक पंतगे का मेरी लाश पर बैठना अभी बाकी है,

अध्याय81

जब से उसने सलाम करना छोड़ दिया
हमने उसके लिए कलाम करना छोड़ दिया,

वैसे ये मतला भी उस ही का है,
बस अब हमने नाम करना छोड़ दिया,

माज़ी अक्सर कहते थे, मोहब्बत इक काम है,
मिया, हमने बस यही काम करना छोड़ दिया,

अब ये जो दिन हैं, वो दिन ही रहता है,
अब इस हमने शाम करना छोड़ दिया,

वो जो क़म्बख़्त शायर है ना तुर्किया,
हमने एक ज़माने से उससे प्याम करना छोड़ दिया,

अध्याय82

दिल लगाने से दिल लगा नहीं,
जिसे चाहा वो कभी मिला नहीं,

ये सिर्फ़ उन्हीं का हुनर होगा, मिरे यारों,
वो सीने से लगा पर सीने से लगा नहीं,

ये वाकया बेहद अजीब तो है,
वो ताउम्र सफ़र मे रहा पर कही गया नहीं,

ये रब्त बस इतना सा ही बाकि है,
तुम चुप रही, हमने भी कुछ कहा नहीं,

वो तुर्किया कितना झूठा शख़्स था,
उसके जाने से वो मरा नहीं,

अध्याय83

उसके चाहने पर मैं तन्हा भी नहीं रहता,
मैं जैसा हूँ, मैं फिर वैसा भी नहीं रहता,

मोहब्बत की कहानियों मे ये फायदा तो है,
आख़िर मे कोई किरदार बुरा भी नहीं रहता,

कोई भी याद कभी भी आ जाती है, तुम्हारी,
मिया, इन यादों का, कोई कायदा भी नहीं रहता,

ये बड़ा ही अजीब वाकया हैं जहान का,
अकेला रहकर भी वो शख़्स अकेला भी नहीं रहता,

अध्याय84

ये भी कोई कहने की क्या बात थी,
ये भी कोई सुनने की क्या बात थी,

वो जब था ही नहीं किसी का,
फिर उसके खोने की क्या बात थी,

शहर मे वेहश्ते खूं-का-शोर-आपा था,
फिर खामोश रहने की क्या बात थी,

अब जिस्म को सज़ा की आदत हो गई,
तो फिर चीखने की क्या बात थी,

ये अब तो खूं बहाया जा रहा हैं, नामों को देख कर,
फिर नाम ही रखने की क्या बात थी,

अध्याय85

ये मेरा कोई गुमान है क्या ?
वो शख़्स अभी मेरा जहान है क्या ?

इस ज़माने से मैं तो हैरान हूँ,
ये ज़माना भी मुझसे हैरान है क्या ?

अब तो मैं ज़माने का तमाशा हूँ,
अब भी मेरी कोई आन है क्या ?

ये जो दूर हमे मिराज बनता-सा दिखता है,
ये शहर कोई रेगिस्तान है क्या ?

वो जो मुझे इस ऱब्त में सिर्फ़ तन्हाई ही मिली,
कोई मुझे बतलाएँ, मोहब्बत में यही दान है क्या ?

अध्याय 86

खंडहर हो गया है वो शहर फिर वहाँ जाना का क्या
फ़ायदा,
जो अब आपको पहचानते भी नहीं, उनसे मिलने का क्या
क़ायदा,

जो ऱब्त कभी पैदा ही ना हुए हो, उसकी तक़लीक ही क्या,
तो फिर उसकी क्या इन्तहा1, तो फिर उसकी क्या
इब्तिदा2,

हमें भी मालूम है, कुछ चाक-ए-ज़ख़्म3 को हमनें सिया ही
नहीं कभी,
इसमें तक़लीक तो है, लेकिन हम शायरों की भी होती है,
अपनी ही क्या अदा,

कुछ अफ़साने ज़िन्दगी मुकम्मल होने के लिए नहीं होते हैं,
जब मालूम है ये बात भी तुझे फिर क्यूँ, फिर क्या
ग़मदीदा,

एक ज़माने से कर चूके है, हम नश्शे4 तेरी निगाहों के,
तो फिर तेरी एवज़ी में ये क्या बादा,

1 आख़िरी, अन्त, 2. आरम्भ 3. फटा हुआ ज़ख़्म, 4.
नशा 5. प्रतिस्थापन

अध्याय87

ये रातें आज-कल बेहद ही नम हैं,
एक शख़्स अब इस घर से कम है,

ये इक उम्मीद है, कि तू आएंगा इक दिन,
लेकिन मुझे तुझपे य़कीन है, ये मेरा सिर्फ़ भ्रम है,

सब कुछ तो है, यहाँ पर काम लोग दौलत,
लेकिन मेरी जाना, मेरे अन्दर कुछ अदम है,

तू होता तो आलमों मे होती सब्ज़1,
हाँ, हमें अब इन बातों का भी इल्म है,

आज बेहिसाब रोये हम, यानी बेहिसाब,
आब-ए-चश्म2 सूखे रहे, मगर ज़मीं नम है,

किसी को याद रखना मुश्किल तो है,
लेकिन भूल जाने के अपने ही ग़म है,

1.हरियाली 2. आँसू

कुछ जो दिल को पंसद है

अध्याय88

मेरे अंदरू से जले हूए इंसां की बू आती है,
मेरी रुह तू अब भी ज़िन्दा है क्या ?

❧❧❧

एक दिन सभी किरदार ठीक हो जाएँगें,
उस दिन हम सब यादें बन जाएँगें,

❧❧❧

तेरी जुदाई बस पल भल की थी मेरे लिए,
तेरे बगैर मुझे होश ही कहा था कभी,

❧❧❧

तुम कहानी बन कर हमेशा जिन्दा रहना,
मैं किस्सा बन कर मर जाऊँगा इक दिन,

❧❧❧

उसकी इक बात हमेशा याद आती है,
याद रखना, यादे हमेशा याद आती है,

❧❧❧

एक दिन सब ठीक हो जाता है,
लेकिन, सब ठीक हो जाने की टीस,
कभी भी ठीक नहीं होती।

मेरे लिए प्रेम उस खिड़की जैसा है,
जिसके बाहर से असीनित आकाश दिखता है।

❧❧❧

प्रेम कहानियाँ सवेरे के सपनों जैसे होती है,
आप आपने दिल से, उनमें कोई भी रंग भर सकते है।

❧❧❧

जिस ग़म को हम बाँट नहीं सकते,
उस ग़म को हम पीने लगते है।

❧❧❧

अब ये लड़ाई कौन लड़ेगा,
सभी ज़ख़्मी पड़े हैं, ज़मीं पर।

❧❧❧

आज के समय में धर्म,
नैतियता से बड़ा हो गया हैं।

❧❧❧

ये महुब्बत नहीं, जिस्म की तलब है बस,
किसी के जाने के बाद, कोई अकेला भी नहीं रहता,

❧❧❧

महुब्बत सिर्फ़ एक रोग ही होगा, और क्या ?
लेकिन अपने इस छूकर, ला-इलाज ही कर दिया।

ये जो उठकर ज़ुल्फ़े तिरे माथे पर आती है,
तुम बेहद खूब लगती हो, ये ज़ुल्फ़ हमे बहेद सताती हैं।

❧❦❧❦

मैं ख़ुद-ही से रूठा और फिर ख़ुद-ही को मना लिया,
रोया, सीना पिटा, ज़ख़्म दिये और फिर ख़ुद-ही को सूला
लिया

❧❦❧❦

क्यूँ तू इक अरसे-से ख़ुद से भी ना मिला,
बता क्या मिल गया दौलत मे,

❧❦❧❦

मुझे तेरे फ़ुरकत से मुहब्बत हो गई है,
अब तेरे मिलने से मुझ में कुछ खलता है,

❧❦❧❦

तेरे महफ़िल मे आने से हम खुश तो है,
लेकिन कम्बख़त हम मुस्कूरा नहीं सकते,

❧❦❧❦

ना आने के तुम्हारे पास सैकड़ों बहाने हो गए, हम मालूम
है,
लेकिन तुम से मिलने की वज़ा मे हमारे पास सिर्फ़, दिल
है।

❧❦❧❦

तुम ने जाते-जाते कुछ कहा नहीं,
कम्बख़त हमने भी तुम्हें रोका नहीं,

❧❧❧

हब्स ही हब्स है, अब हर रब्त में,
चलो अब यहाँ से भाग जाए हम,

❧❧❧

और तो कुछ कर नहीं सकते तुम्हारे लिए,
तो अपनी पहली मुहब्बत तुम्हारे नाम करे हमे,

❧❧❧

तुम ने कहा था, कुछ दिनों में सब ठीक हो जाएगा,
लेकिन यहाँ तो दिन, हफ्ते, साल सब हो गए,

❧❧❧

मेरे यारों मुहब्बत हमे तो रास आई नहीं,
अगर तुम्हें आए, तो दिल खोलकर करो,

❧❧❧

इस ज़माने से मैं तो हैरान हूँ,
ये ज़माना भी मुझसे हैरान है क्या ?

❧❧❧

तेरे आने का हमें सबब मालूम तो था,
मगर, यूहीं हमनें तुझसे घंटों तक वजह तलाशी,

तुम्हारी मुस्कान दिखती है, किसी ग़ज़ल सी,
थोड़ी ग़महीन-सी, थोड़ी अधूरी-सी,
वो काला धुँआ आसमान पर छाके बिखर गया,
आज फिर एक लाश चीखतें-चीखतें राख हुई,

कभी हमें भी रातों की महफ़िलों में बुलाया करों,
आज कल हम भी खुश नहीं रहा करते है,

ये ज़िन्दगी क्या कोई नाटक है,
सब जान के भी डरता रहा वो,

बेहद दिनों बाद मेरे दिल मे खुशी की महक आई,
इस तन्हा सफ़र मे, किसी अग़यार मे तेरी झलक आई,

मेरी नदामत-से भरी नज़रे और तेरी खामोशी,
ये हमारी गुफ़्तूगूँ अचानक कैसे यहाँ तक आई,

आज बड़ा ही हसीन दिन बिता,
तेरी खुशबू मेरे ज़ेहन मे घर तलक आई,

ये हिज्र की राते इतनी लम्बी क्यूँ हैं ?
मिलते ही बिछड़ने की इतनी जल्दी क्यूँ है ?

अब किसी शख़्स के खिलाफ़ बोलना देशद्रोह है,
तो फिर ये बे-मतलब की आज़ादी क्यूँ है ?

जो भी तुम्हारा है, वो तुम्हारे पास आएगा ज़रूर,
फिक्र क्यूँ करता है, रात के बाद सवेरा आएगा ज़रूर,

किस में दम है अपने अंदर रहने का,
मुझे जब भी मौका मिला मे भाग गया,

मुझे रोकने की तरकीबे बना रहा है तू,
तेरे घर मे शराब नहीं है क्या ?

यूहीं बे-सबब एक काम करें हम,
तुम्हारी याद मे दिन को शाम करें हम,

ये जो मेरी बर्बादी का तमाशा है,
इसको अब सर-ए-आम करें हम,

ये चमकीले लिबास,
ये शिशों के घर,
ये पत्थर मूर्त,
इसमें किसका बसर,
ये दुनिया जिसे तू अपना है माने,
ये ना तेरा है घर, ये ना मेरा है घर।

❦❦❦

ये सुन कर आज मुझे खुशी हुई मेरी जाना,
जो तुम ने सितम किये है मुझपे, उसका तुम्हें भी होश
था,

❦❦❦

"मेरे यारों तुम मेरी बर्बादी का जश्न बनानाओ,
क्या कहां साजों-समां नही हैं, तो मेरे घर से लेजाओ,

डूबते जहाज़ मे से तो सभी भाग जाते हैं,
तुम आखरी हो, तुम भी निकल जाओ,

अब तो ज़िन्दगी बस इतनी सी हैं,
रात को सो और सुबह दफ्तर जाओ,"

❦❦❦

"मैनें अल्फाज़ो को अफ़साना बनता देखा हैं,
मैनें तुम्हे करीब आते-आते दूर जाता देखा हैं,
मुझे लगता था, हर चीज़े बिकाऊ नही होती,
मैं गलत था, मैंनें अपने ग़म को भी बिकता देखा हैं"

यहाँ बैठ-बैठ किसका इंतज़ार कर रहे हो,
यार, जिसको यहाँ आना था, वो तो चला गया,

ये बड़ा अजीब जूआ हैं, ये बड़ी अजीब बात हैं,
मोहब्बत मे एक ही शै थी, रोज़ उसे हारा गया,

मायूस निगाहों को इक चेहरा दिखा,
कुछ तुम जैसा, कुछ उस पहरा दिखा,

कल इतनी मायूस रात रही,
फिर सवेरा मे भी अंधेरा दिखा,

वहाँ के लोग सभी हैरान रहे,
अक्लमन्दों को एक आवारा दिखा,

तेरी इजाज़त के बगैर तुझे बुलाएँ तो बुलाएँ कैसे ?
आखिरी मुलाकात से पहले तुझे भुलाएँ तो भुलाएँ कैसे ?

ये गुम-सुम सी रात, ये मेरा खाली कमरा, और तेरी यादें,
मेरी जान तूही बाता खुद को सुलाएँ तो सुलाएँ कैसे ?

अब ना ही मैं तुर्किया रहा, ना ही शायर रहा,
मैं जो भी रहा, फ़क़त अपने अंदर रहा,

मैंने अपने सभी दोस्त गवाह दिए, दुश्मनो से जीतने मे,
फिर ऐसा हुआ कि, एक अरसे तक मेरा निढ़ल सर रहा,

ये कैसी उम्र गुजारी जा रही हैं,
दिल से तुम्हारी बे-करारी जा रही हैं,

वो जो जुलेखा थी ना,
वो अब तुम पर वारी जा रही हैं,

मोहब्बत कुछ नहीं बस इक गुमां था,
जिसे हमे ख़ुदा बनाया वो भी तो इंसां था,

वो जो हमारी बातों मे मोहब्बत जावेदानी थी,
वो कुछ नहीं बस हमारा पिंदारे-जाँ था,

बरसात के बाद धूप आँखों को चूबती हैं,
आईना साफ हो तो आसली शक्ल दिखती हैं,

आओ तुम्हारे लिए एक नज़्म लिखे हम,
ऐसे जैसे ख़ुद के लिए महरम् लिखे हम,

तुम ऐसे ज़िन्दगी मे आकर चले जाना,
कि फिर ग़ज़ल मे सिर्फ ग़म लिखे हम,

अब तेरे आशार से लहू रिस्ता हैं तुर्किया,
आख़िर क्यूँ ना रिस्से जब अपने ही ज़ख्मो पे ज़ख़्म लिखे
हम,

꧁꧂

जब से ये दिल मोहल्ला विरान हो गया हैं,
अब सभी से मिलना आसान हो गया हैं,

जो मेरा हाल देखता था रोज़,
आज वो शख़्म भी हैरान हो गया है,

हाँ जब शराब पीना ही मक़्सद हैं मेरा,
तो फिर ख़ुद को सम्भाल क्यूँ हम,

जब ये मालूम था कि बिछड़ना हैं,इक रोज़
तो फिर उससे गिला क्यूँ करे हम,

꧁꧂

रोटी तो छोड़िये, रोटी का टूकड़ा भी ना है,
नेता जी के दूध पर मलाई जमा है,

आज संसद मे हाईये घोटाले पर बहस थी,
यहाँ सभी के पाँव मे कीचड़ जमा हैं,

कोई भी याद कभी भी आ जाती है, तुम्हारी,
मिया, इन यादों का, कोई कायदा भी नहीं रहता,

ये बड़ा ही अजीब वाक्या हैं जहान का,
अकेला रहकर भी वो शख़्स अकेला भी नहीं रहता,

तू मैंनू आज याद आया तू बोहोत सारा,
जैसे काली रात विच कोई उजला तारा,

ना जाने वहाँ क्या हुआ होगा ?
कौन जाने वहाँ, अब कौन रहा होगा ?

ये घास जो उगी हैं, इस खंडर में,
इसको यहाँ किसने कब बौया होगा,

मैं वहाँ से चला और वहाँ पहुँचा नही,
यानी ऐसा हैं जैसे मैं ख़ुद से निकला और निकला नहीं,

लोग कहते हैं तुम मरयम् सी दिखती हो,
मैंने मान लिया, मैंने मरयम् को कभी देखा नहीं,

बड़ी देर तक जगा और फिर गालों पर आसूओं के निशा
लेकर सो गया,
यक़ीनन ये कम्बख़्त दिल फिर किसी तमन्ना मे उदास हो
गया,

❧❧❧

मुर्गा बांग दे इस्लाम का अल्लाह हू अकबर, अल्लाह हू
अकबर,
मिठू मियाँ बोले सिया-राम, राम सिया,
जोभी-धर्म में फसाँ इंसान,
वो ना रहा फिर कभी इंसा मिया,

❧❧❧

कितना खूबसूरत है ये शख़्स ,मुझे सूलान के लिए खुद
जागता रहा,
हज़ारों अपनी गलतियाँ देखा के, मेरी हर नाकामी को
ढ़ापता रहा,

❧❧❧

चांदनी रात में तुम एक जाम बन जाना,
बर्फ बनकर तुम में धीमा-धीमा जाऊं,

❧❧❧

आज मैं तुम से इतना खफ़ा हूँ, मेरा जान,
कि मेरे तमाम अश्आर से तुम बेदखल हुई,
आज किसी की याद ने इस दिल को ज़ोरो से धड़काया है,
आज इक दिल हम काम समझ में आया हैं,

❧❧❧

ये कम्बख़्त ज़िन्दगी का ही बोझ था मुझपर,
मौत के बाद तो मेरी लाश मिलो तक तैरती रही,

❧❧❧

ये मेरी आख़री सांसे और तेरी बाहे है बिखरी हुई,
क्या यही तकदीर में था, मुझे यही मरना है क्या ?

❧❧❧

वो जो क़म्बख़्त शायर है ना तुर्किया,
हमने एक ज़माने से उससे प्याम करना छोड़ दिया,